AVIS DU CONSEIL GÉNÉRAL DES MINES,

DU MINISTRE DES TRAVAUX PUBLICS ET DU CONSEIL D'ÉTAT,

SUR

L'interprétation des arrêts du conseil, des 14 oct. 1749 et 20 avril 1751,
constitutifs de la Concession dite de Vieux-Condé.

JUGEMENT DU TRIBUNAL DE PREMIÈRE INSTANCE
DE VALENCIENNES.

30 mars 1849.

3

AVIS DU CONSEIL GÉNÉRAL DES MINES,

DU MINISTRE DES TRAVAUX PUBLICS ET DU CONSEIL D'ÉTAT.

SUR

L'interprétation des arrêts du conseil, des 14 oct. 1749 et 20 avril 1751,
constitutifs de la Concession dite de Vieux-Condé.

JUGEMENT DU TRIBUNAL DE PREMIÈRE INSTANCE

DE VALENCIENNES.

30 mars 1849.

EXTRAIT

DU

Registre du Conseil général des Mines.

SÉANCE DES 25, 26 ET 30 OCTOBRE 1844.

Avis sur l'interprétation de deux arrêts du conseil des 14 octobre 1749 et 20 avril 1751, et de l'avis du conseil d'Etat du 27 mai 1806, approuvé par l'Empereur le 31 même mois, concernant la concession des mines de houille de Condé, Vieux-Condé et Hergnies, département du Nord.

(*Voyez* le rapport de M. l'inspecteur général Garnier, du 23 octobre 1844.)

Les questions sont successivement mises en délibération.

1º L'avis du 31 mars 1806 a-t-il statué sur la limite de la concession faite au prince de Croï par les deux arrêts des 14 octobre 1749 et 20 août 1751 ?

2º Doit-on entendre par les expressions : *ses terres de Condé et Vieux-Condé au delà de l'Escaut,* qui se trouvent dans le dispositif de l'arrêt du 14 octobre 1749, le domaine privé du prince de Croï, ou bien les terrains situés au delà de l'Escaut, *sur lesquels s'étendait la haute justice de laquelle il était propriétaire ?*

3º Le territoire actuel de la commune d'Hergnies se trouve-t-il compris en totalité dans la concession faite au prince de Croï , par l'arrêt du 20 avril 1751 ?

4º Est-il possible de déterminer exactement l'étendue de la haute justice du prince de Croï sur les territoires de Condé et Vieux-Condé ?

5º Si l'étendue de cette haute justice ne peut être fixée d'une manière certaine, quelle mesure doit prendre l'administration pour procéder légalement à la détermination de l'ancienne concession ?

1

L'ensemble de la discussion se résume dans l'avis suivant :

Le conseil approuvant en partie les observations du rapporteur, mais considérant que pour satisfaire à ce qui est demandé par l'ordonnance royale du 30 décembre 1843, qui a confirmé l'arrêté de conflit pris par M. le préfet du Nord, le 9 août précédent, il s'agit seulement de se prononcer sur le sens et la portée du décret du 31 mars 1806 et des deux arrêts du conseil des 14 octobre 1749 et 20 avril 1751 ;

Considérant, en ce qui concerne le décret du 31 octobre 1806, que ce décret n'a point fixé les limites de la concession faite au prince de Croï par les deux arrêts de 1749 et 1751, ainsi que le conseil l'exprime dans son avis du 25 octobre 1843 ; qu'il a statué seulement sur les questions de déchéance, soulevées par les compagnies qui demandaient l'autorisation d'exploiter ou faire des recherches sur la totalité, ou sur partie des territoires anciennement concédés, en se fondant sur ce que la concession, quelles qu'en fussent les limites, se trouvait périmée ; que c'est pour motiver le rejet de ces demandes, qu'il a été déclaré que les sociétaires d'Anzin *avaient rempli les formes voulues par la loi*, soit comme concessionnaires originaires, soit comme acquéreurs de domaines nationaux ; mais qu'en consacrant tout ce qui avait été fait jusque-là, même irrégulièrement, et en reconnaissant l'*existence* légale de la concession de Vieux-Condé, le décret de 1806 n'a nullement défini l'étendue de cette concession, et n'a modifié en rien les droits que les arrêts de 1749 et 1751 avaient conférés au prince de Croï ;

Considérant, en ce qui concerne l'arrêt du conseil du 14 octobre 1749, qu'il paraît bien établi par le rapport que l'on doit entendre par ces expressions : *Ses terres de Condé et Vieux-Condé au-delà de l'Escaut,* qui se trouvent dans le dispositif de cet arrêt, non les possessions personnelles et utiles du prince de Croï, mais bien les terrains situés au-delà de l'Escaut, *sur lesquelles s'étendait la haute justice dont il était propriétaire.*

Considérant, en ce qui concerne l'arrêt du conseil du 20 avril 1751, qu'il est certain que la configuration actuelle du territoire de la commune d'Hergnies est la même que celle du territoire de l'ancien village de ce nom, dont toute l'étendue a été concédée au prince de Croï par ledit arrêt.

Considérant que les documents produits ne permettent pas de déterminer exactement les limites de l'ancienne haute justice du prince de Croï sur le territoire de Condé et Vieux-Condé, ainsi que l'a reconnu le rapporteur ; qu'une délimitation qui ne se confondrait pas en tous points avec le périmètre de cette haute justice ne serait pas admissible en l'état des choses, puisqu'on pourrait retrancher de la concession de Vieux-Condé une partie quelconque du territoire, sur lequel la compagnie d'Anzin a des droits acquis, ou y ajouter des terrains pour la concession desquels les formalités prescrites par la loi du 20 avril 1810 n'auraient pas été accomplies ; que les véritables limites, s'il était possible de les tracer sur le territoire de Condé et Vieux-Condé seraient probablement très-irrégulières, et peut-être même interrompues par des enclaves sur lesquelles ne s'étendaient pas les priviléges du prince de Croï; qu'il importe pour la bonne exploitation des gîtes houillers, que les limites, qui ne seraient pas l'expression exacte de l'arrêt de 1749 , soient mises en harmonie avec l'allure de ces gîtes ; que l'administration sera investie du pouvoir, qu'elle n'a pas aujourd'hui, de fixer les limites de la concession, partout où il y aura doute sur la circonscription de l'ancienne haute justice du prince de Croï, et d'opérer le tracé de ces limites incertaines en vue de l'amélioration des gîtes à exploiter, s'il est procédé à la délimitation dè la concession de Vieux-Condé, conformément aux dispositions de la loi du 21 avril 1810.

Pense : 1° que le décret du 31 mars 1806 n'a point statué sur les limites de la concession accordée au prince de Croï par les deux arrêts du Conseil des 14 octobre 1749 et 20 avril 1751, et qu'il n'a fait que reconnaître l'*existence* légale de cette concession ;

2° Que l'arrêt du 14 octobre 1749 doit être interprété en ce sens que, par les expressions : *Ses terres de Condé et de Vieux-Condé au-delà de l'Escaut*, ont été désignés *les terrains sur lesquels s'étendait la haute justice dont le prince de Croï était propriétaire*, sans qu'il puisse résulter de cette interprétation, que la concession comprenne des terrains qui auraient été concédés à d'autres que le prince de Croï, avant ledit arrêt de 1749 ;

3° Que la concession faite au prince de Croï par l'arrêt du 20 avril 1751 s'étendait sur tout le territoire qu'embrasse aujourd'hui la commune d'Hergnies ;

4° Qu'il devra être procédé, après l'accomplissement des formalités voulues par la loi du 20 avril 1810, à la fixation des limites de la concession de Condé, Vieux-Condé et Hergnies, en ayant égard à l'interprétation énoncée dans les deux articles précédents.

Signé au registre :

CORDIER, DE BONNARD, MIGNERON, BERTHIER, GARNIER, GUÉNYVEAU, CHÉRON et THIRIAT

Pour extrait,

AVIS DU CONSEIL DES MINES

DU 18 JUILLET 1845.

LE CONSEIL :

Vu la lettre adressée, le 9 juillet présent mois, à M. le Ministre des travaux publics, par les associés régisseurs de la compagnie propriétaire des mines d'Anzin, dans laquelle ils annoncent que cette compagnie vient de déposer au greffe du conseil d'Etat, une requête en interprétation des deux arrêts de 1749 et 1751 et du décret de 1806;

Considérant que la discussion, à laquelle s'est livré le rapporteur, a principalement pour objet le contrat d'échange du 11 avril 1529, des terres de Leuze et Condé contre celles d'Auge et Mortain, et les actes du 5 août 1558 relatifs au rachat desdites terres de Leuze et Condé, par le duc de Montpensier et à la vente qu'il en a faite au comte de Mansfeld; que les motifs d'après lesquels il pense qu'en 1749 la propriété de la seigneurie gagère et de la haute justice qui y était attachée faisait partie du domaine du Roi, lors même qu'ils ne seraient sujets à aucune contestation, ne sont pas de nature à faire modifier l'interprétation que le conseil a donnée, dans son avis des 25, 26 et 30 octobre 1844, aux deux arrêts de 1749 et de 1751, et au décret impérial de 1806; puisqu'il résulte de cette interprétation que l'ancienne concession de Condé, Vieux-Condé et Hergnies ne doit comprendre que les terrains sur lesquels s'étendait la haute justice, dont le prince était propriétaire;

Considérant que, d'après l'article 56 de la loi du 21 avril 1810, l'autorité administrative, proprement dite, est appelée à connaître de toutes les difficultés relatives à la délimitation des mines qui doivent être décidées par l'acte de concession; qu'ainsi l'interprétation des arrêts de 1749 et de 1751 et du décret impérial de 1806, qui est demandée par la compagnie d'Anzin, n'est pas de la compétence de l'autorité administrative, agissant par la voie contentieuse, mais qu'elle doit être donnée par l'autorité administrative proprement dite, comme semblent d'ailleurs l'indiquer les termes de l'ordonnance royale du 30 décembre 1843, qui a confirmé l'arrêté de conflit pris par M. le préfet du Nord, le 9 août précédent;

Considérant que l'article 53 de ladite loi du 21 avril 1810, investissant la même autorité administrative, proprement dite, du pouvoir de fixer les limites de toute ancienne concession non délimitée, c'est à elle aussi qu'il appartient

de procéder à la délimitation de la concession obtenue par le prince de Croï,
lorsque le sens et la valeur des deux arrêts de 1749 et de 1751, auront été
déterminés ;

Considérant, toutefois, que la requête présentée par la compagnie d'Anzin
doit suspendre tous les actes administratifs qui seraient la conséquence d'une
interprétation antérieure à celle qu'elle sollicite; qu'il serait prématuré dès lors
de procéder en ce moment à l'instruction que le conseil regarde comme nécessaire pour que l'administration puisse fixer légalement les limites de l'ancienne
concession que laisse incertaine l'interprétation qu'il a donnée aux arrêts de
1749 et 1751, et du décret de 1806.

Persiste à penser :

1° Que le décret impérial du 31 mars 1806, n'a point statué sur les limites
de la concession accordée au prince de Croï par les deux arrêts du Conseil des
14 octobre 1749 et 20 avril 1751, et qu'il n'a fait que reconnaître l'existence
légale de cette concession ;

2° Que l'arrêt du 14 octobre 1749 doit être interprété en ce sens que, par
les expressions *ses terres de Condé et Vieux-Condé au-delà de l'Escaut*, ont été
désignés les *terrains sur lesquels s'étendait la haute justice dont le prince de
Croï était propriétaire* sans qu'il puisse résulter de cette interprétation que la
concession comprenne des terrains qui auraient été concédés à d'autres que le
prince de Croï avant l'édit de 1749 ;

3° Que la concession faite au prince de Croï par l'arrêt du 20 avril 1751,
s'étendait sur tout le territoire qu'embrasse aujourd'hui la commune de
Hergnies.

Et en outre, pense :

1° Qu'il y a lieu de revendiquer pour l'autorité administrative, proprement
dite, l'interprétation des deux arrêts des 14 octobre 1749 et 20 avril 1751, et
du décret impérial du 31 mars 1806 ;

2° Que c'est à la même autorité administrative qu'il appartiendra de fixer les
limites de la concession obtenue par le prince de Croï, lorsque lesdits arrêts
de 1749 et 1751, auront été interprétés ;

3° Qu'il y a lieu en l'état de surseoir à tout acte administratif, concernant la
délimitation de ladite concession, jusqu'à ce qu'il ait été statué sur le recours
introduit devant le Roi en son conseil, par la compagnie d'Anzin.

Signé au registre : CORDIER, DE BONNARD, MIGNERON, BERTHIER, GARNIER,
GUÉNYVEAU, CHÉRON et THIRIA.

Pour extrait conforme,   *L'ingénieur en chef, secrétaire,*
THIRIA.

LETTRE

DE M. DUMON, MINISTRE DES TRAVAUX PUBLICS

A

M. LE PRÉSIDENT DU COMITÉ DU CONTENTIEUX.

MONSIEUR LE PRÉSIDENT,

J'ai reçu, avec la lettre que vous m'avez fait l'honneur de m'écrire, les requêtes présentées au Roi par la compagnie d'Anzin, pour obtenir, par la voie contentieuse, l'interprétation des arrêts de l'ancien conseil, des 14 octobre 1749 et 20 avril 1751, et de l'avis du conseil d'État approuvé par l'Empereur le 31 mars 1806, relatifs à la concession de Vieux-Condé; 2° la réponse faite à ces requêtes par la compagnie d'Escaupont, Saint-Aybert et Thivencelles. Le comité du contentieux, délibérant sur cette affaire, a demandé que les pièces me fussent communiquées, et vous m'invitez à vous les renvoyer avec telles observations qu'il appartiendra.

Déjà, depuis plus de deux ans, une instance était engagée entre les parties devant le ministre des travaux publics. Le conseil général des mines, à plusieurs reprises, avait été appelé à exprimer son opinion, et j'allais adresser toutes les pièces au comité des travaux publics, de l'agriculture et du commerce du conseil d'État, avec mes propositions pour l'interprétation à faire par le conseil, en assemblée générale, des actes ci-dessus mentionnés, lorsque la compagnie d'Anzin a cru devoir donner à l'affaire une autre direction par son pourvoi au contentieux.

Une concession a été faite, en 1749, dans le Haynaut français, à un seigneur haut justicier, le prince de Croï. Quelles sont les limites de la concession qu'il a obtenue ? Telle est la difficulté à résoudre.

L'arrêt du 14 octobre 1749, qui institue cette concession, s'applique (ce sont ses termes) *aux mines de charbon de terre qui sont actuellement découvertes, et à celles qu'il* (le prince de Croï) *pourra découvrir par la suite dans l'étendue de ses terres de Condé et Vieux-Condé au delà de l'Escaut.*

Le territoire d'Hergnies se trouvait enclavé dans les terres de Condé et Vieux-Condé. Bien que le prince y exerçât aussi la haute justice, comme Hergnies n'était pas nominativement dénommé dans l'arrêt de 1749, il demanda que cet arrêt fût complété et interprété au besoin. Alors intervint celui du 20 avril 1751, qui, rappelant le premier, *permet au prince de Croï, ses hoirs ou ayants cause, de faire fouiller ou exploiter, exclusivement à toutes personnes, les mines de charbon de terre qu'il a découvertes et celles qu'il pourra découvrir par la suite dans tout le territoire d'Hergnies.*

La concession de Vieux-Condé et plusieurs autres furent mises en commun en 1757. Elles appartiennent toutes, depuis longtemps, à la compagnie d'Anzin.

Cette compagnie s'est présentée, en vertu de la loi sur les mines du 28 juillet 1791, devant l'administration du département du Nord, qui prit, le 6 prairial an 4, un arrêt relatif à ses concessions d'Anzin et Vieux-Condé : *Déclarons,* y est-il dit, *que d'après les observations que font les sociétaires des mines d'Anzin, que celle de Vieux-Nord libre* (Vieux-Condé) *formant une concession particulière, dont l'étendue n'est que d'une lieue carrée environ, il n'y a pas lieu à la réduire, ni à la comprendre dans la démarcation de celle d'Anzin ci-dessus fixée, sans préjudice aux droits des intéressés aux dites mines de changer les limites de leur exploitation d'Anzin dans le cas où celle de Vieux-Nord libre serait jugée devoir en faire partie.*

Un nouvel arrêté de la même administration du 28 ventôse an 5, accueillit les réclamations de la compagnie d'Anzin, tendantes à ce que ces concessions d'Anzin, de Raismes et de Fresnes, demeurassent distinctes, et décida qu'une délimitation nouvelle serait faite pour chacune d'elles. Cette disposition a été remplie par l'arrêté du 29 ventôse an 7.

Dans l'année 1805, des demandes en concession ont été formées pour les territoires d'Hergnies, Condé et Vieux-Condé. Les sieurs Désandrouin, Taffin et compagnie ont formé opposition à ces demandes, en s'appuyant sur les anciens titres qui avaient réglé leur possession. Un avis du conseil d'Etat, approuvé par l'Empereur, le 31 mars 1806, a déclaré que *les sieurs Désandrouin et compagnie possédaient les mines de houille d'Anzin, Fresnes, Raismes, Condé et Hergnies, partie comme concessionnaires originaires, partie comme acquéreurs de biens nationaux ; que, à ces titres, ils ont rempli les formes voulues par les lois ; qu'il n'y a contre eux aucune cause de déchéance d'aucune desdites concessions ; qu'il n'y a lieu de statuer sur la demande en concession des mines de Condé, Vieux-Condé et Hergnies, formée par la compagnie Lasalle et autres.*

A l'occasion de demandes de nouvelles concessions qui furent présentées en 1837, la compagnie d'Anzin s'adressa à l'administration pour qu'il fût procédé au bornage de sa concession de Fresnes, suivant les limites fixées par l'arrêté de l'an 7 ; mais, quand il fut question d'opérer le bornage, on trouva que les indications de l'arrêté n'étaient point d'accord avec la situation des lieux. Il fallut alors rechercher qu'elle avait été l'intention réelle de cet acte du gouvernement. La compagnie présenta une demande régulière de délimitation.

Cette affaire se liait ainsi directement à celle des demandes formées par des tiers pour les terrains réclamés par Anzin, comme faisant partie de la concession de Fresnes.

Après l'examen le plus attentif fait par le conseil général des mines, il fut reconnu que, pour représenter exactement les limites de celle-ci, conformément aux termes de l'arrêté de l'an 7, il était indispensable de prendre une petite étendue de terrain sur la commune de Condé. Le conseil dut rechercher alors si les actes relatifs à la concession du Vieux-Condé y mettaient obstacle. Il n'y trouva rien qui dût s'y opposer. Mon prédécesseur a partagé cette opinion, et l'ordonnance du 10 septembre 1841, délibérée en conseil d'Etat, l'a consacrée.

Trois autres ordonnances du même jour ont insitué les concessions d'Escaupont, de Saint-Aybert, de Thivencelles.

Elles ont été toutes attaquées par la compagnie d'Anzin, qui en a demandé la révision, conformément à l'article 40 du décret réglementaire du 22 juillet 1806.

Dans le même temps, les propriétaires des trois concessions nouvelles firent des recherches dans des terrains que la compagnie d'Anzin revendique comme étant compris dans sa concession de Vieux-Condé. Elle intenta, à raison de ces recherches, une action devant le tribunal de Valenciennes.

L'administration dut s'opposer à ce que cette instance suivît son cours, et revendiquer la connaissance d'un litige, étranger, dans l'état des choses, aux tribunaux. Il s'agissait, en effet, de reconnaître les limites d'une concession, et cela se rattachait d'ailleurs, comme on vient de le voir, à l'affaire de la concession de Fresnes, qui était, de la part de la compagnie d'Anzin elle-même, l'objet d'une demande en révision devant le conseil d'Etat.

L'arrêté de conflit élevé par le préfet a été approuvé par une ordonnance du Roi du 30 décembre 1843.

Depuis, comme avant le jugement du conflit, les parties ont fait devant l'administration des productions multipliées dans le but d'établir, soit que la concession de Vieux-Condé doit comprendre toute l'étendue des trois territoires, soit de le contester. Elles ont insisté à plusieurs reprises pour qu'il fût statué le plus tôt possible.

La compagnie d'Anzin reproduit dans son pourvoi au contentieux, les considérations exposées dans ses premiers mémoires, et ses adversaires, en y répondant, se réfèrent, comme elle le fait elle-même, à leurs précédentes productions.

Je ferai remarquer d'abord, quant à ce pourvoi en lui-même, qu'il est permis de douter que l'affaire, dans l'état où elle se présente, soit une affaire à juger au contentieux. Par suite d'une discussion qui s'était engagée devant l'autorité judiciaire, l'administration a revendiqué la connaissance du litige. Un conflit a été élevé, et l'ordonnance qui approuve ce conflit déclare formellement que le sens et la portée des actes de 1749, 1751 et 1806 étant contestés, il y a lieu de les interpréter, et que cette interprétation ne peut être donnée que par l'autorité administrative. L'arrêté du préfet est approuvé en tant qu'il revendique pour elle cette interprétation. Or, ici, l'autorité administrative ne doit-elle pas s'entendre de l'administration proprement dite? Et l'ordonnance à intervenir, ne rentre-t-elle pas dans la catégorie de celles qui sont chaque jour délibérées par le conseil d'Etat dans les affaires administratives ordinaires? C'est ainsi qu'il a été procédé dans des affaires semblables. Je remarquerai, de plus, que dans celle-ci même, c'est devant la section de l'intérieur que le débat de 1806 a été porté, et que c'est sur son rapport qu'il a été statué par le conseil d'Etat.

Nonobstant ces observations préjudicielles que le comité du contentieux appréciera, je vais discuter, dès à présent, les questions que soulève l'affaire dont il est saisi. Elles se présentent dans l'ordre suivant :

Y a-t-il chose jugée?

Que doit-on entendre par les expressions *ses terres de Condé et Vieux-Condé, au delà de l'Escaut*, employées dans l'arrêt du 14 octobre 1749? Ces expressions s'appliquent-elles aux terres sur lesquelles s'étendait la haute justice du prince de Croï, ou seulement à celles dont il avait le domaine utile?

PREMIÈRE QUESTION.

Y a-t-il chose jugée?

Il faut faire ici une distinction :

Oui, il y a chose jugée, quant à l'existence légale de la concession de Vieux-Condé, et il ne saurait dépendre des tiers de faire à tout instant remettre en question une chose décidée. Dès que le gouvernement, de qui la concession est émanée, a déclaré, en 1806, qu'il n'y avait pas de déchéance de cette concession, cette déclaration publique doit valoir contre toutes les oppositions ultérieures.

Non, il n'y a pas chose jugée, quant à la délimitation même de la concession. Il suffit, pour s'en convaincre, de se reporter aux discussions qui eurent lieu en 1806, aux avis de l'ancien conseil des mines, au rapport du ministre de l'intérieur, à ceux de la section de l'intérieur du conseil d'Etat.

Les adversaires de la compagnie d'Anzin soutenaient que le territoire d'Hergnies avait été, en 1751, l'objet d'une concession distincte, et que cette concession n'était pas entrée dans l'association de 1757, formée entre le prince de Croï et d'autres concessionnaires représentés par cette compagnie; que, dans tous les cas, la concession de Vieux-Condé se trouvait éteinte pour cause de non-exploitation. Une longue controverse s'établissait ensuite sur la question de savoir si le prince de Croï avait la haute justice dans tout le territoire d'Hergnies. S'il ne la possédait pas, disait-on, cette concession était par cela même frappée de caducité, puisque ce n'était qu'en sa qualité de seigneur haut justicier qu'il l'avait obtenue. Les justifications que la compagnie d'Anzin fit à cette époque, parurent suffisantes pour que la question fût résolue en sa faveur; mais pour les deux autres territoires, on ne s'est pas livré sous ce rapport à une discussion aussi complète. L'avis du conseil d'Etat a bien déclaré que la compagnie n'avait encouru la déchéance d'aucune de ses concessions de Condé, Vieux-Condé et Hergnies; qu'elle avait rempli les formalités voulues pour en conserver la propriété; qu'il n'y avait lieu à statuer sur les demandes dont ces concessions étaient l'objet; mais reconnaître l'existence légale d'une concession, ce n'est point la délimiter. Or, l'arrêté de l'an iv se borne à dire que *la concession de Vieux-Condé n'est que d'une lieue carrée environ*, et aucun acte souverain n'en a depuis explicitement tracé les limites, comme cela doit être. Elles ne résultent ni de cet arrêté, ni de la décision de 1806; c'est surtout la demande en déchéance, question dominante alors, que celle-ci a rejetée, mais on n'en saurait conclure qu'il y ait eu discussion contradictoire, quant à Vieux-Condé et Condé.

Le nom d'une commune donné à une concession, n'implique nullement que
le périmètre de cette concession est celui de la commune tout entière. Il y a une
différence notable, comme on l'a vu, entre les expressions de l'arrêt de 1749
et celles de l'arrêt de 1751. Pour Hergnies, *c'est toute l'étendue du territoire*, et
ici nulle, contestation n'est aujourd'hui possible. Pour Condé et Vieux-Condé,
c'est l'étendue des terres *du prince de Croï*. Quel est le véritable sens de ces der-
nières expressions? c'est ce qu'il faut maintenant rechercher.

SECONDE QUESTION.

Que doit-on entendre par les expressions : *ses terres de Condé et Vieux-
Condé, au delà de l'Escaut*, employées dans l'arrêt du 14 octobre 1749? ces
expressions s'appliquent-elles aux terres sur lesquelles s'étendait la haute justice du prince de Croï, ou seulement à celles dont il avait le domaine utile?

On voit dans plusieurs actes de concessions instituées autrefois en faveur de
seigneurs hauts justiciers, ces expressions : *dans sa terre et seigneurie ; dans
l'étendue de sa terre et baronnie, de son marquisat, dans les territoires dépendant de
sa terre et haute justice*, etc. Quelquefois, les mots *sa terre, ses terres* sont em-
ployés isolément. Doit-on conclure de cette double désignation de la terre et
de la seigneurie, que là où elle ne se rencontrait pas, ce n'était point celle-ci
qui déterminait les limites de la concession? cela serait peut-être téméraire en
présence surtout d'une foule de titres de concessions qui révèlent l'absence
complète de règles fixes, de principes invariables. Bien que le vocabulaire féo-
dal ait pu s'y opposer, on a plus d'une fois, avant la révolution de 1789, désigné
la seigneurie, la haute, moyenne et basse justice, par la simple expression *ses
terres*. On ne doit pas d'ailleurs perdre de vue dans l'affaire actuelle, qu'il s'agit
d'une concession faite dans le Haynaut français, et qu'il existait pour cette province des chartes qui, il faut bien le reconnaître, ont accordé certains droits
aux seigneurs hauts justiciers. Plusieurs de ces chartes ont régi cette province
jusqu'à la révolution, et quant aux mines, en particulier, j'ajouterai que dans
bien des occasions, et à des époques même fort rapprochées de 1789, le conseil
de la couronne en a reconnu l'empire, en subordonnant l'octroi des concessions
à des arrangements préalables avec les seigneurs.

En présence de ces faits, en considérant de plus que ce sont les limites de
la haute justice qu'on a recherchées en 1806, en ce qui concerne Hergnies, je
suis d'avis, avec le conseil général des mines, que par les mots : *ses terres de
Condé et Vieux-Condé, au delà de l'Escaut*, qui se trouvent dans l'arrêt du 14 oc-

tobre 1749, ont été désignés *les terrains sur lesquels s'étendait la haute justice dont le prince de Croï etait propriétaire ;* sans qu'il puisse résulter de cette interprétation que la concession comprenne des terrains qui auraient été concédés à d'autres que le prince de Croï avant ledit arrêt de 1749.

En résumé, et si le conseil d'Etat croit devoir retenir l'affaire dans le sein de la juridiction contentieuse, je suis d'avis de décider :

1° Que l'avis du conseil d'Etat approuvé par l'Empereur, le 31 mars 1806, a simplement reconnu qu'il n'y avait aucune cause de déchéance de la concession accordée au prince de Croï par les deux arrêts du conseil, des 14 octobre 1749 et 20 avril 1751, mais qu'il n'a point statué sur les limites de cette concession ;

2° Que la concession faite au prince de Croï, par l'arrêt du 20 avril 1751, s'étendait sur tout le territoire qu'embrasse aujourd'hui la commune d'Hergnies ;

3° Que par les expressions, *ses terres de Condé et Vieux-Condé au delà de l'Escaut,* employées dans l'arrêt du 14 octobre 1749, on doit entendre *les terrains sur lesquels s'étendait la haute justice dont le prince était propriétaire,* sans qu'il puisse résulter de cette interprétation que la concession comprenne des terrains qui auraient été concédés à d'autres que le prince de Croï, avant ledit arrêt de 1749.

J'ai l'honneur, M. le Président, de vous renvoyer les requêtes et réponses que vous m'avez communiquées. J'y joins toutes les productions qui ont été faites avant et depuis l'ordonnance du 30 décembre 1843, ainsi qu'un dossier qui a été extrait des archives du conseil d'Etat et qui se rapporte aux débats et à la décision de 1806. Je vous serai obligé de me faire le renvoi de tous ces documents lorsqu'il aura été statué sur l'affaire soumise en ce moment au comité du contentieux.

Agréez, etc. *Signé :* **S. DUMON.**

CONSEIL D'ÉTAT.

Extrait des Registres des Délibérations.

SÉANCES DES 18, 19 ET 21 AOUT 1848.

Au nom du peuple français,

Le président du conseil, chargé du pouvoir exécutif,

Sur le rapport de la section du contentieux,

Vu la requête sommaire présentée par la compagnie propriétaire des Mines d'Anzin, poursuites et diligence du sieur Lebret, régisseur-gérant de ladite compagnie, ladite requête enregistrée au secrétariat général du conseil d'Etat, le 9 juillet 1845, et pour laquelle elle conclut à ce qu'il plaise, interprétant les arrêts du conseil des 14 octobre 1749 et 20 avril 1751, et l'avis du conseil d'Etat des 27, 31 mars 1806, déclarer : 1° que la concession dite de Vieux-Condé porte sur toutes les terres, sans exception ni réserve, qui étaient en 1749 soumises à la haute justice du prince de Croï ; 2° Que cette haute justice embrassait le territoire actuel des communes de Vieux-Condé et Hergnies, et celui de la commune de Condé tel qu'il était avant 1806 ; 3° Que c'est en ce sens que lesdits arrêts ont été interprétés et appliqués par l'avis du conseil d'Etat, du 27 mars 1806 ;

Vu le mémoire ampliatif présenté par ladite compagnie, ledit mémoire enregistré comme dessus le 8 octobre 1845, et par lequel ladite compagnie persiste dans les conclusions de son premier mémoire, et conclut aux dépens contre la compagnie de Thivencelles et Escaupont ;

Vu le mémoire en défense présenté pour les sociétés réunies de Thivencelles, Fresnes-Midi et Condéenne-Saint-Aybert, ...

. . . .

Sur le moyen opposé par la compagnie d'Anzin, et tendant à ce qu'il soit déclaré que la question de délimitation de la concession a été définitivement résolue par le décret des 24-31 mars 1806 ;

Considérant que par le décret susvisé, il a été décidé que les sieurs Désandrouin, Taffin, etc., possèdent les mines de houille d'Anzin, Fresnes, Raismes, Condé et Hergnies, partie comme concessionnaires originaires, partie comme acquéreurs de domaines nationaux, qu'à ces deux titres ils ont rempli les formes voulues par les lois, qu'il n'y a contre eux aucune cause de déchéance d'aucune desdites concessions des mines de Vieux-Condé et Hergnies, formées par la compagnie Lassalle et autres ; mais que ce décret n'a eu ni pour but, ni pour effet de restreindre ni d'augmenter les concessions accordées par les arrêts du conseil du 14 octobre 1749 et 21 avril 1751 ; que, dès lors, il ne fait pas obstacle à ce que soit donnée l'interprétation des arrêts du conseil en date des 14 octobre 1749 et 21 avril 1751.

Sur l'arrêt du 14 octobre 1749 ;

Considérant que la permission sollicitée par ledit sieur de Croï, conformément aux prescriptions du règlement du 14 janvier 1744, à l'effet d'extraire des charbons de ses terres de Condé et Vieux-Condé, a été sollicitée par lui, en sa qualité de haut justicier, et en raison du droit de préférence que lui donnaient les coutumes sur les terres soumises à *son droit de haute justice*, qu'elle lui a été accordée par l'arrêt du 14 octobre 1749, en ladite qualité et sans distinction entre les terres dont il était propriétaire et les terres sur lesquelles, en la qualité de haut justicier, *il avait droit de haute justice* ; qu'il n'y a lieu, dès lors, de limiter ladite permission aux terres dont ledit sieur de Croï était propriétaire foncier.

Considérant qu'il résulte de l'instruction que les mots : *ses terres de Condé et Vieux-Condé au delà de l'Escaut*, contenus audit arrêt du 14 octobre 1849, doivent être entendus de toutes les terres de Condé et vieux Condé situés sur la rive droite de l'Escaut, sans distinguer entre les terres sises en amont de Condé et celles qui sont situées au delà de Condé ;

En ce qui touche le droit de haute justice appartenant au sieur de Croï :

Considérant que, s'il est articulé par la compagnie d'Anzin que le sieur de Croï avait *droit de haute justice* sur la totalité des territoires de Condé et Vieux-Condé, et sans distinction, *l'existence et l'étendue de ce droit* de haute justice sur diverses portions de terres dépendant de Condé et Vieux-Condé *sont contestées ;* qu'il ne ne nous appartient pas de connaître des questions soulevées par ce litige ;

Sur l'arrêt du 21 avril 1751 :

Considérant que la permission accordée par cet arrêt s'étend sur tout le territoire d'Hergnies ;

Le conseil d'État entendu, décrète ce qui suit :

ARTICLE 1er.

Il est déclaré : 1° que le décret des 24-31 mars 1806 n'a eu ni pour but ni pour effet d'étendre ou de restreindre les permissions contenues aux arrêts du conseil des 14 octobre 1749 et 21 avril 1751 ; 2° Que la permission accordée au sieur de Croï, par l'arrêt du conseil du 14 octobre 1740, comprend tout le territoire de Condé et Vieux-Condé situé sur la rive droite de l'Escaut, et soumis en 1749 *au droit de haute justice dudit sieur de Croï*, sans distinction entre les terres dont il était propriétaire foncier et les terres qui étaient seulement soumises *à son droit de haute justice ;* 3° Que la permission accordée au sieur de Croï, par l'arrêt du conseil du 21 avril 1751, comprend tout le terrain des Hergnies.

ARTICLE 2.

Le surplus des conclusions des parties est rejeté.

ARTICLE 3.

Les dépens sont compensés entre les parties.

ARTICLE 4

Le ministre des travaux publics et le ministre des finances sont chargés, chacun en ce qui le concerne, de l'exécution du présent décret.

Approuvé, le 15 septembre 1848,

Signé : E. CAVAIGNAC.

Par le président du conseil, chargé du pouvoir exécutif,

Le ministre de la justice,   *Signé :* MARIE.

TRIBUNAL CIVIL DE PREMIÈRE INSTANCE

DE VALENCIENNES.

PRÉSIDENCE DE M. LÉCUYER.

AUDIENCE DU 30 MARS 1849.

La Compagnie des Mines d'Anzin contre les Sociétés réunies de Thivencelles et Fresnes-Midi.

Considérant que l'avis du Conseil d'Etat du 30 août 1848, statuant par forme d'interprétation des arrêts du conseil du Roi, en date des 14 octobre 1749 et 20 avril 1751, a posé en fait :

Que le prince de Croy n'avait sollicité et obtenu l'autorisation d'extraire les charbons de ses terres de Condé et Vieux-Condé qu'en sa qualité de *Haut-Justicier*, et seulement à raison du droit de préférence que les coutumes lui donnaient sur les terres soumises à *son droit de haute justice*, sans distinguer entre ces terres et les biens dont il était propriétaire foncier ; ensuite a déclaré :

1° « Que le décret du 24—31 mars 1806 n'a eu, ni pour but, ni pour effet
« d'étendre ou de restreindre les permissions contenues aux arrêts du conseil
« du 14 octobre 1749 et 20 avril 1751 ; 2° que la permission accordée au sieur
« de Croy, par l'arrêt du conseil du 14 octobre 1749, comprend le territoire
« de Condé et Vieux-Condé, situé sur la rive droite de l'Escaut, et soumis,
« en 1749, *au droit de haute justice dudit sieur de Croy,* sans distinction entre
« les terres dont il était propriétaire foncier, et les terres qui étaient sou-
« mises seulement à *son droit de haute justice ;* mais la compagnie d'Anzin,
« articulant, ce qui fut contesté, que le prince de Croy avait *le droit de haute*
« *justice* sur la totalité du territoire de Condé et Vieux-Condé, le conseil d'Etat
« ne put connaître d'un litige qui ne portait plus que sur l'existence et l'éten-

« due *d'un droit de haute justice*, dont l'appréciation devenait de la compé-
« tence exclusive des tribunaux ordinaires ;

Que cet avis du conseil d'Etat du 30 août 1848, comme les débats à l'audience, réduisent donc nécessairement le procès actuel à *l'unique question de*
savoir si, en 1749, le prince de Croy avait ou non la haute justice sur la *totalité*
ou seulement *sur diverses portions* des territoires de Condé et Vieux-Condé :
conséquemment sur quelle étendue de terrain il avait le droit d'extraire la
houille ?

Que ce point décisif, si habilement expliqué de part et d'autre, ne peut trou-
ver sa solution que dans les principaux faits de la cause, rapprochés des moyens
respectifs des parties, des documents produits, des lois relatives à la ma-
tière ;

Considérant que la ville et le territoire de Condé se divisaient par moitié
entre la *seigneurie propriétaire* ou de Bailleul, et la *seigneurie Gagère* ou du
Château, dont le bois, dit du Roi, faisait partie ;

Que bien antérieurement au 14 octobre 1749, des documents établissent (ce
qui d'ailleurs n'est pas contesté) que le prince de Croy exerçait la haute justice sur la *totalité* des territoires de Condé et Vieux-Condé, sans jamais, pendant
plusieurs siècles, avoir rencontré la plus légère opposition, ni d'aucun seigneur,
ni des Rois de France, ni d'aucun autre souverain ;

Que *si l'exercice d'un droit n'est pas* toujours *le droit en lui-même*, il faut
cependant reconnaître qu'à défaut de titre attributif de la haute justice, une
aussi longue jouissance devrait, selon tous les jurisconsultes anciens et mo-
dernes, le bon sens et la raison, suffire pour en justifier la légitimité et
la faire regarder comme preuve suffisante du droit de haute justice, au profit
de celui qui l'exerça ; à moins toutefois qu'un adversaire, ici les sociétés réunies de Thivencelles ne puissent, comme elles le prétendent, établir que ce
long exercice de la haute justice n'a été, de la part du prince de Croy et de ses
prédécesseurs, qu'un abus, une véritable usurpation du droit.

L'avocat des Sociétés réunies de Thivencelles et Fresnes-Midi, pour arriver
à la preuve que l'exercice de la haute justice par le prince de Croy sur la seigneurie gagère et le quart du bois du Roi, n'était de sa part qu'un abus, une
véritable usurpation, invoque les raisons suivantes :

Seigneurie gagère. — Le 11 avril 1529, la princesse de la Roche-sur-Yon, par
contrat d'échange et de contre-échange, céda ladite seigneurie gagère à François Iᵉʳ, roi de France.

Quart du Bois du Roi. — Le quart du Bois du Roi appartenant aux rois d'Espagne, par suite de confiscation sur l'un de leurs sujets, advint aux rois de

France par la conquête de 1678 , et, avec elle, vinrent les principes de l'ordonnance de Moulins (1566) : plus de prescription ; une fois le roi de France propriétaire de la seigneurie gagère et du quart de ce bois du Roi , comme il ne
pouvait relever d'aucun de ses sujets ni de personne , il devenait nécessairement le haut-justicier de ces domaines : et ses droits étant toujours restés intacts, en 1749, le prince de Croy n'avait pas l'ombre d'un droit de haute justice
sur cette *seigneurie gagère;* donc aux termes de l'avis du conseil d'Etat du 30
août 1848, pas de concession au profit des mines d'Anzin d'extraire la houille,
au moins sur cette dernière portion de terrain ;

Que ce système, malgré son apparente simplicité, recèle la plus sérieuse difficulté du procès , celle de savoir si jamais le roi a pu , *en fait* ou *en droit*, être
réputé propriétaire des terres composant cette seigneurie gagère?

Sur ce point capital :

Considérant que François Ier, roi de France, fait, à Pavie, prisonnier de
Charles V, empereur des Romains et roi des Espagnes , et se trouvant sans argent pour satisfaire au prix convenu de sa rançon , ne put se libérer qu'en lui
faisant avoir des terres de ses vassaux, situés dans les Pays-Bas, soumis à la
souveraineté de son heureux rival.

Que, par acte du 11 avril 1529, la princesse de la Roche-sur-Yon, pour être
agréable à son seigneur et roi ; pour retirer le dauphin et le duc d'Orléans,
ses enfants, laissés en ôtages ès-mains dudit empereur, s'obligea personnellement, au nom de ses enfants Louis et Charles de Bourbon, dans les termes
suivants : « de bailler, céder et transporter ses seigneuries de Leuze et Condé,
« situées dans le Hainault, royaume d'Espagne, audit seigneur élu empereur,
« selon et au désir du traité de paix (de Cambrai) et accomplissement d'icelui,
« pour et au profit du roi François Ier et à sa *décharge* par sa requête et man
« dement, pour en jouir par ledit seigneur élu empereur, ses hoirs et succes
« seurs et aïans cause , ainsi quil est dit au traité, avec faculté de rachat à la
« dite dame audit nom, et pour les siens ou autrement , ainsi qu'il sera avisé
« par ses procureurs, auxquels elle donne pouvoir de *soy déshériter,* pour et
« au nom de ladite dame au profit dudit seigneur empereur, de faire les dés
« héritements et de consentir aux adhéritements , *personnellement,* selon les
« coutumes entre les mains des baillis , hommes et pers de fiefs. »

On lit encore dans l'acte que la faculté de rachat est accordée à François Ier
pendant les six premières années ; mais qu'il ne devra l'opérer qu'en vertu de
procuration au nom de la princesse de la Roche et pour les siens ; le tout sous
l'obligation consentie par le roi, de donner à titre d'équivalent, de récompense,
le comté de Mortaing et le vicomté d'Auge, biens de la couronne ; qu'en exécu

tion de ces engagements entre François Ier et la princesse de la Roche, cette dernière céda et transporta *directement* par l'intermédiaire de ses procureurs, ses terres de Condé et Leuze avec acte de déshéritance et d'adhéritance au profit de l'empereur Charles-Quint;

Que le rachat, permis au roi pendant les six premières années, n'ayant pas eu lieu, et conséquemment ne pouvant remettre à la princesse, ou plutôt à ses enfants, la seigneurie de Condé et de Leuze aux fins de rentrer lui-même en possession du comté de Mortaing et du vicomté d'Auge, la faculté de rachat fut exercée par le duc de Montpensier sur le baron de Roghendorff, à qui l'empereur avait, à son tour, cédé ses droits sur les terres engagées, les seigneuries de Condé et Leuze;

Que ces divers actes, malgré leur dénomination d'*échange* et de *contre échange* entre le roi de France et la princesse de la Roche, n'étant dans leur esprit comme dans leur exécution, que des engagements au profit d'un tiers, ne sauraient avoir le caractère légal d'un contrat d'échange; d'autant moins que la cession directe de la seigneurie de Condé à l'empereur Charles-Quint n'a été faite que sous la condition perpétuellement suspensive de rachat; ce qui écarte toute idée de transmission irrévocable, condition essentielle de l'échange.

Que le roi de France n'a donc jamais eu, *en fait*, la propriété de la seigneurie gagère de Condé, et jamais *en droit*; car les formalités si impérieusement exigées, à peine de nullité, puisqu'on les regardait en Hainault, et surtout sous la coutume de Valenciennes, comme tenant à l'ordre public, n'ont pas été remplies;

Aucun acte de déshéritance et d'adhéritance exigé par les chartes générales du Hainault, chap. 94, art. 1er, et que la coutume de Valenciennes, dans le ressort de laquelle se trouvait la seigneurie gagère, exigeait, chap. 8, art. 50, de faire *personnellement*, n'eurent pas lieu en faveur de François Ier comme preuve manifeste et légale de sa propriété des terres composant cette seigneurie; qu'au contraire, tous ces devoirs de loi, rappelés dans le traité même de Cambrai, et que la princesse de la Roche autorise à faire *personnel-lement* en son nom, en conformité, dit-elle, des coutumes du lieu, toutes ces formalités pour la transmission des biens furent remplies à l'égard de l'empereur Charles-Quint.

Que vainement, on objecta que le roi de France était exempt de pareilles formalités; car, d'une part, les biens dont s'agit étaient hors de France, se trouvaient soumis aux lois locales du Hainault, et ces œuvres de loi étaient si nécessaires, qu'on n'en exempta point l'empereur lui-même, celui qui avait la souveraineté sur ses biens de Condé; la preuve authentique en résulte d'un acte de vente faite par Charles-Quint au baron de Roghendorff, en l'année 1531, on y lit : « Et pour ledit vendage mieux sortir son effet, lui avons fait délivrer « la copie authentique des lettres de déshéritement fait par la princesse de **La** « Roche des terres de Leuze et Condé ; » rien de plus précis et de plus concluant.

Qu'ainsi donc, les circonstances qui ont précédé, accompagné et suivi le traité de paix de Cambrai, les procurations et le contrat entre François Ier et la princesse de La Roche-sur-Yon, la nature et l'exécution même de ces divers actes, tout s'accorde pour démontrer clairement que jamais le roi de France François Ier n'a pu, ni *en fait* ni *en droit*, être, une seconde, réputé propriétaire des terres composant la seigneurie gagère ;

Que, dès lors, évidemment, le système des Sociétés réunies de Thivencelles et Fresnes-Midi, pèche par sa base ; et, encore bien qu'elles aient été, ainsi que les intervenants Dubois et consorts, recevables à agir comme intéressés à connaître les limites de la concession du 14 octobre 1749; les prétentions contre les mines d'Anzin, n'étant pas fondées, doivent être rejetées en ce qui touche cette seigneurie gagère ;

Qu'il doit en être de même relativement au quart du bois du Roi, puisqu'il n'arriva aux rois d'Espagne que par suite de confiscation, sur les biens de l'un de leurs sujets, c'est-à-dire, avec toutes les charges et redevances dont il était précédemment grevé au profit du seigneur haut-justicier des villes et terres de Condé et Vieux-Condé, et que les rois de France succédant aux rois d'Espagne pour ce quart de propriété indivise avec d'autres copropriétaires, n'ont pu le posséder et en jouir qu'aux mêmes titres et sous les mêmes obligations que leurs prédécesseurs ;

Que la conséquence nécessaire de ce qui précède sera l'obligation, de la part des Sociétés réunies, de cesser et d'abandonner leurs travaux sur les terrains dont il s'agit; mais, toutefois, en se référant à l'article 555 du Code civil, et à l'équité des mines d'Anzin, qui sauront mettre en pratique la maxime que *nul ne doit s'enrichir aux dépens d'autrui*, et ne voudraient sans doute pas, sans indemnité, s'emparer des travaux dispendieux déjà faits par les sociétés réunies, et dont la Compagnie pourrait utilement profiter.

En ce qui touche la condamnation aux dommages-intérêts à libeller par état requise par la compagnie d'Anzin ;

Considérant que les travaux effectués par les Sociétés réunies n'ont point arrêté l'exploitation des nombreuses fosses à charbon des demandeurs, ni pu leur porter aucun préjudice; qu'il est temps, enfin, de mettre un terme à de trop longues discussions entre ces diverses compagnies; qu'en un mot, toutes les circonstances de la cause se réunissent pour ne pas accueillir cette demande en condamnation de dommages-intérêts;

Par ces motifs,

Le Tribunal dit les associés intéressés de mines de houille de Thivencelles et Fresnes-Midi, recevables dans leur action, les sieurs Dubois et consorts recevables dans leur intervention, et, statuant entre toutes les parties, déclare que le *droit de haute justice* du prince de Croï, notamment à l'époque de la concession par arrêt du conseil du 14 octobre 1749, s'étendait, sans aucune exception sur la *totalité* des territoires de Condé et Vieux-Condé, qui comprenaient les terres connues sous la dénomination de *Seigneurie gagère* et le quart de la forêt dite le *Bois du Roi.*

Déclare, en conséquence, les Sociétés réunies, défenderesses et les intervenants mal fondés dans leurs prétentions contre la compagnie d'Anzin; les en déboute; leur ordonne de cesser sur ces territoires tous travaux pour découvrir ou extraire la houille, de les abandonner immédiatement; sous la réserve cependant de l'alternative laissée au propriétaire par le premier paragraphe de l'article 555 du Code civil; déclare n'y avoir lieu à la condamnation en dommages-intérêts requise par la compagnie d'Anzin; condamne les sieurs Dubois et consorts aux frais engendrés par leur intervention, le surplus des dépens à la charge des Sociétés réunies de Thivencelles et Fresnes-Midi.

Paris — Imprimerie de Cosse et J. Dumaine, rue Christine, 2

www.ingramcontent.com/pod-product-compliance
Lightning Source LLC
LaVergne TN
LVHW020635180726
843502LV00006B/2049